Cómo conocer mi futuro

Alexander Rosacruz

Editorial Anuket

Índice:

Cap.1 La historia de predecir el futuro

Cap.2 Descubrimientos científicos

Cap.3 Reglas para predecir el futuro

Cap.4 Cómo predecir el futuro

Cap.5 Numerología

Cap.6 Adivinación con cartas

Cap.7 Otras artes adivinatorias

Capítulo 1
La historia
de predecir el futuro.

La humanidad ha estado tratando de predecir lo que sucederá en el futuro durante siglos. Sin embargo, incluso las tecnologías más avanzadas no pueden resolver los problemas fundamentales de este proceso de previsión. Entonces, ¿cuál es la solución?

Predecir lo que sucederá en el futuro, saber lo que me sucederá en el futuro y tomar una posición en consecuencia han sido algunas de las mayores pasiones de las personas a lo largo de la historia. Si bien la fuente de estas predicciones en la antigüedad eran videntes y adivinos que se creía que tenían poderes psíquicos, hoy estamos tratando de predecir el futuro con métodos mucho más avanzados utilizando supercomputadoras e inteligencia artificial, y podemos obtener resultados más precisos. Pero según la historiadora de la ciencia Amanda Rees de la Universidad de York, las predicciones hechas con estas tecnologías avanzadas no serán más útiles que las profecías basadas en métodos antiguos en términos de su contribución a la humanidad.

Según esta científica "El futuro tiene un pasado. Lo bueno es que podemos aprender de este pasado. La desventaja es que rara vez tomamos esa clase. Porque, de hecho, el pasado del futuro muestra claramente que conocer el futuro no es necesariamente beneficioso. Pero eso todavía no nos impide intentarlo".

En todo el mundo, desde Mesopotamia hasta Manhattan, los líderes buscaron predecir el futuro para obtener una ventaja estratégica. Sin embargo, a menudo malinterpretaron lo que se dijo o no entendieron los motivos políticos del hablante o la falta de capacidad de previsión. También eligieron a menudo ignorar las predicciones que los obligaron a enfrentar hechos que no les gustaban. Incluso las innovaciones tecnológicas del siglo XXI no han podido resolver estos problemas fundamentales, porque la precisión de los resultados obtenidos con los programas de computadora es, en última instancia, proporcional a la precisión de los datos ingresados.

Se supone que cuanto más científico sea el método utilizado en este asunto, más precisas serán las predicciones. Sin embargo, esta suposición crea más problemas que soluciones, ya que a menudo ignora o no tiene en cuenta la diversidad de las experiencias humanas. En este contexto, es difícil creer que la inteligencia artificial desempeñará un papel cada vez más importante y que las predicciones basadas en tecnologías más precisas e inteligentes serán más beneficiosas que otros ejemplos en la historia de la humanidad.

Matemáticas contra profecía

Las personas han tratado de entender cómo será el futuro desde las primeras civilizaciones. Los métodos utilizados para predecir e interpretar el futuro han mostrado serias diferencias según el tiempo y el espacio. La diferencia más importante radica en si la predicción la hace alguien con una capacidad profética innata o con sistemas que hacen cálculos dentro de ciertas reglas. Por ejemplo, una de las maneras antiguas era basarse en la capacidad de los videntes y chamanes para comunicarse con otras dimensiones del ser. Sin embargo, métodos de adivinación como la astrología, la quiromancia, la numerología y el Tarot dependen de la habilidad de quien los maneja para aprender e interpretar un sistema basado en reglas teóricas complejas (y en ocasiones muy matemáticas) y adaptarlo a situaciones específicas. Es posible ubicar métodos como la interpretación de los sueños o la invocación basada en la experiencia, en parte, en algún lugar entre estos dos ejemplos extremos. Hay muchos ejemplos del uso de ambas estrategias para predecir el futuro, tanto en el pasado como en el presente.

Por otro lado, algunos analistas han recurrido a estrategias basadas en pronósticos colaborativos en lugar de desarrollos tecnológicos en sus pronósticos futuros. Por ejemplo, sondear la opinión pública y personal se basa en un principio muy simple: preguntar a las personas qué creen que deberían hacer o qué sucederá. Posteriormente, las respuestas deben interpretarse cuidadosamente, ya sea cuantitativamente, como las encuestas de orientación al votante, o el análisis cualitativo, como la técnica Delphi. La estrategia Delphi se basa en explotar la mente de un público muy concreto. La idea principal aquí es que la discusión de un tema en particular por parte de un grupo de expertos producirá resultados más precisos que las estimaciones individuales.

Predicciones futuras basadas en patrones y variables

A medida que estas estrategias continúan evolucionando, han surgido dos filosofías muy diferentes para predecir el futuro de la sociedad, particularmente a nivel global, nacional e institucional. Cada una de estas filosofías refleja diferentes suposiciones sobre la naturaleza de la relación entre el destino, la variabilidad y el elemento humano.

La evaluación de eventos pasados como indicadores del futuro ha llevado a algunos pronosticadores a ver la historia humana como un conjunto de patrones. De acuerdo con este segmento, fue posible observar el pasado e identificar algunos bucles o secuencias de eventos claros y predecir si podrían repetirse en el futuro. Esta idea surgió del éxito de las ciencias naturales al establecer leyes generales a partir de evidencia empírica agregada. Entre los que adoptaron este enfoque se encontraban científicos desde Auguste Comte hasta Karl Marx, desde Oswald Spengler hasta Arnold Toynbee, desde Nicolai Kondratiev hasta Turchin. Sin embargo, tuvieron un éxito limitado en predecir el colapso de Occidente, predecir el surgimiento de una utopía comunista o científica, o predecir la posible reaparición de olas económicas globales.

Algunas de las investigaciones más recientes en el MIT también han trabajado para predecir el futuro en función del pasado a muy corto plazo. Como parte de estos estudios, los investigadores que enseñan a las computadoras (por ejemplo, si dos personas se abrazan o se dan la mano cuando se encuentran) cuál es el siguiente paso "generalmente" en una situación dada, intentan deducir patrones históricos a partir de esto. Sin embargo, este enfoque tampoco llega a esperar lo inesperado, al menos en esta etapa de desarrollo tecnológico.

Según otro grupo, el ritmo y el alcance de la innovación tecnoeconómica crea un futuro que es cualitativamente diferente del pasado y el presente. Los defensores de este enfoque observan las variables en evolución, no los patrones, para predecir futuros posibles. Porque es más fácil modelar un conjunto de probabilidades que aumentan o disminuyen según las elecciones realizadas, en lugar de hacer una predicción precisa del futuro. Muchos escritores de ciencia ficción y futuristas también están utilizando esta estrategia para mapear el futuro.

Por ejemplo, el escritor británico HG Wells, en una declaración a la BBC en la década de 1930, pidió que los futuristas, no los historiadores, investigaran las consecuencias de los nuevos descubrimientos. Para Wells, esta fue su forma de preparar al país para los cambios inesperados provocados por inventos como el automóvil. De manera similar, muchos autores, desde Alvin y Heidi Toffler, han buscado comprender futuros poshumanos deseables, peligrosos o potenciales haciendo predicciones basadas en avances en tecnología de la información, clonación, inteligencia artificial, modificación genética y ecología.

Pero, así como las predicciones basadas en experiencias pasadas tienen una capacidad limitada para predecir posibilidades imprevistas, las predicciones basadas en innovaciones tecnocientíficas corren el riesgo de ser demasiado deterministas. Como resultado, no podemos decir que uno de estos dos enfoques sea absolutamente más beneficioso que el otro, porque ambos se ven afectados por factores como la visión, la mirada y la identidad de la persona que los formó.

¿Cuál es el riesgo en las predicciones modernas con inteligencia artificial?

El mensaje básico del pasado es este: no sirve de nada pensar en un solo futuro. En cambio, pensar en futuros posibles es una estrategia mucho más productiva. Es más útil especular sobre una variedad de resultados potenciales basados en la probabilidad y evaluarlos en función de una variedad de fuentes diferentes que 'adivinar'.

La tecnología juega un papel importante aquí, pero también es crucial tener en cuenta las lecciones aprendidas con respecto al impacto de las suposiciones en los resultados finales. El peligro es que las predicciones modernas hechas por inteligencia artificial se consideren más científicas y, por lo tanto, más precisas que las predicciones hechas en el pasado basadas en la profecía. Sin embargo, las suposiciones que forman la base de los algoritmos que predicen actividades delictivas o identifican posibles infidelidades de los clientes a menudo reflejan las expectativas de quienes desarrollaron estos códigos, al igual que los métodos antiguos.

En lugar de confiar únicamente en la innovación para mapear el futuro, tiene más sentido aprender de la historia y combinar nuevas técnicas con un modelo de pronóstico un poco más antiguo, que combina la experiencia científica con la interpretación artística. Si queremos visualizar o mejorar el futuro de la humanidad, tal vez sea más útil pensar en términos de diagnóstico que de predicción".

Capítulo 2
Descubrimientos científicos

¿Puede el cerebro predecir el futuro?

La suposición de que nuestro cerebro puede predecir fue expresada por primera vez por el astrónomo y matemático árabe Hassan Ibn Al-Haytham hace mil años en su Libro de Óptica. Luego, esta teoría no ganó popularidad y permaneció sin atención durante varios siglos. Hasta el siglo XIX, los científicos pensaban que el cerebro humano funcionaba de forma lineal: estímulo-respuesta. Pero en la década de 1860, el físico y médico alemán Hermann von Helmholtz sugirió que en realidad no era así. No solo hay una cierta jerarquía en la cabeza, sino también asociaciones que influyen en gran medida en cómo reacciona una persona a un impulso del exterior.

El científico creía que la percepción de cada persona combina su experiencia individual y datos innatos, característicos de sus órganos de percepción. Por eso vemos diferentes objetos en los famosos cuadros ambiguos, donde se puede ver tanto a una anciana como a una joven.

Esta percepción está asociada a la imagen que se forma en la retina del ojo. Resulta que cuando una persona encuentra una imagen por primera vez, se fija en su mente como una asociación y se almacena en niveles altos del cerebro. Resulta que tan pronto como una persona nota algún objeto, su cerebro transmite una señal a niveles más altos de la jerarquía cognitiva.

Hay una búsqueda de experiencia de interacción con un objeto similar, y es a partir de estos niveles que el cerebro da una reacción.

En la década de 1980, el pionero de la psicología cognitiva Richard Langton Gregory, en su obra Perceptions as Hypotheses, fue más allá y sugirió que la percepción (y quizás todos los sistemas cognitivos) se forma debido a un desajuste entre lo que las neuronas del cerebro esperan y qué información reciben realmente. Esto se puede llamar el modelo conceptual de expectativa-realidad. Es decir, esperamos ver una serpiente (nuestro cerebro "predice" tal resultado), pero en realidad resulta que hay un palo debajo de nuestros pies. Habiendo identificado esta discrepancia, o "error de predicción", en un nivel bajo, el cerebro genera un error y lo envía. La capa superior ajusta su vista y actualiza los modelos predictivos para evitar futuros errores.

Futurología

Para probar la hipótesis de la capacidad del cerebro para predecir, los investigadores recurrieron a modelos informáticos computacionales. Inspirándose en las neuronas biológicas, los científicos han construido redes neuronales artificiales que han demostrado habilidades sobrenaturales que, según los investigadores, podrían imitar las habilidades de nuestros cerebros. Algunos experimentos con estas tecnologías también prueban que el cerebro predice el futuro para ahorrar energía. Así es como funciona.

En 1999, los informáticos Rajesh Rao y Dana Ballard construyeron un modelo computacional para la codificación predictiva. Su esencia radica en el hecho de que el cerebro está en proceso de procesamiento constante de información, actualizando constantemente su comprensión del mundo. El sistema creado por Rao y Ballard reproducía parte de la vía neural en el cerebro de los primates y podía corregir los errores que aparecen en las neuronas del cerebro debido a cambios. Por ejemplo, si de repente apareciera una nueva imagen en la serie de imágenes estudiadas.

Pero este enfoque tenía sus limitaciones. Cuando Rao y Ballard estaban haciendo su investigación, solo se podían crear redes de alimentación hacia adelante, en las que la información se procesaba linealmente desde la entrada hasta la salida, de arriba hacia abajo. Mientras que el cerebro de los primates consta de regiones jerárquicas.

Más tarde, los neurocientíficos idearon otro tipo de modelo: las redes neuronales recurrentes (o RNN), en las que hay conexiones de neuronas hacia adelante y hacia atrás que están continuamente activas. Las redes recurrentes han llamado la atención de varios investigadores de Harvard. En 2016, crearon un sistema que aprendió a predecir el siguiente cuadro en un video. Estas redes funcionaban según el principio de codificación predictiva y consistían en una jerarquía de cuatro capas: cada nivel predecía la información que estaba en el nivel inferior y, en caso de inconsistencia, enviaba una señal de error.

Posteriormente, los científicos sugirieron que la comunicación neuronal es un proceso que consume energía: debido a la fuerza de las conexiones entre las neuronas, también conocida como peso, que indica la transición de un impulso de una neurona a otra, la mayor parte de la energía se desperdicia. Pero luego resultó que en los sistemas desarrollados existen mecanismos que hacen necesario prevenir errores para ahorrar energía.

Para probar esto, el equipo entrenó redes neuronales recurrentes en múltiples secuencias de dígitos (1234567890, 3456789012, 6789012345 en adelante) en las que cada dígito se mostraba como una imagen de 28x28 píxeles. Cuando el sistema aprendió por primera vez a predecir el siguiente dígito, las neuronas llamadas "unidades de error" estaban más activas. Después de que las secuencias comenzaron a acumularse, y con un peso mínimo entre neuronas, las "unidades de error" desaparecieron. Curiosamente, la red llegó a esta conclusión para reducir el consumo de energía. En el caso del cerebro, resulta que cuando este órgano "predice", activa la actividad neuronal a un nivel más bajo, es decir, gasta menos energía.

El hiperenfoque

Las redes neuronales creadas artificialmente y el cerebro humano son dos cosas diferentes.

El neurocientífico e informático Blake Richards decidió probar la hipótesis sobre la capacidad del cerebro para predecir en la vida real. Él y sus colegas recurrieron al Instituto Allen en Seattle, donde estudian la actividad cerebral de los ratones. A los roedores se les mostraron múltiples secuencias de manchas de Gabor con franjas claras y oscuras dispuestas en una orientación específica. Cuando los ratones se acostumbraron a las manchas de cada una de las variaciones, los científicos cambiaron aleatoriamente la orientación de una de las manchas. Los animales se sorprendieron, pero con el tiempo comenzaron a esperar este evento.

El cerebro comenzó a "anticipar" posibles cambios y suprimió la respuesta a la información sensorial a medida que el evento se volvía menos inesperado. Al mismo tiempo, a pesar del hábito, los circuitos neuronales continuaron enviando señales de error a niveles superiores.

Los científicos sugirieron que de esta manera aprendieron constantemente a reconocer mejor las propiedades de los eventos inesperados para poder hacer predicciones más precisas en el futuro.

Hasta ahora, la investigación sobre la capacidad del cerebro para "predecir" continúa, pero los científicos confían en que la evidencia ya disponible es bastante convincente; solo queda encontrar más explicaciones para esto.

Otros estudios:

Un grupo de especialistas de varias universidades de Europa y Canadá llegó a la conclusión de que el cerebro humano es capaz de predecir el desarrollo de una melodía a partir del análisis de una parte de ella previamente escuchada.

Los científicos han estado estudiando el trabajo del cerebro en esos momentos cuando determina el final de algo y el comienzo de uno nuevo. Se decidió experimentar con el reconocimiento de frases musicales. Resulta que el cerebro va un paso por delante, comparando las expectativas con lo que debería suceder.

Durante el primer experimento, se pidió a 38 participantes que escucharan corales de Bach. A los encuestados se les dijo que luego serían evaluados en el conocimiento de las melodías, podrían detener la música y reanudarla. Los científicos registraron el tiempo durante el cual los oyentes se demoraron en una frase musical.

El segundo experimento involucró a 31 personas. Se les dieron las mismas piezas de música para escuchar y se les pidió que calificaran qué tan completas sonaban. Resultó que la atención de los oyentes se detiene más en los pasajes que terminan en vaguedad.

"Pudimos demostrar que las personas tienen una tendencia a experimentar tonos de alta entropía como terminaciones fraseológicas musicales", dijeron los autores del estudio, cuyos resultados se publican en la Association for Psychological Science.

Según los científicos, el cerebro recopila "estadísticas" del mundo exterior no solo para predecir lo que sucederá a continuación, sino también para analizar flujos de información continua en partes más pequeñas.

Capítulo 3
Reglas para
predecir el futuro

1. El futuro es difícil de predecir. Muy duro.
El desarrollo de los eventos está influenciado por tal volumen de factores y condiciones que nadie en el mundo tiene tal superpoder para cubrir todo el cuadro. Después de todo, es imposible preverlo todo.

Incluso si pensamos lógicamente: si estamos seguros de que algo sucederá en el futuro, entonces ya sabemos exactamente cómo, por qué y en qué condiciones sucederá. Y si sabes todo esto, entonces ya ha sucedido. Tal es la lógica.

Por ejemplo, si a fines de la década de 1940, se predecía que, a principios del siglo XXI, casi todos tendrían una pequeña supercomputadora inalámbrica en el bolsillo que permitiría la comunicación por video en tiempo real con personas en el otro lado del planeta; entonces, ya se sabía no solo sobre el uso generalizado de computadoras personales, sino también sobre Internet (hasta principios de la década de 1990, la World Wide Web fue un desarrollo secreto de los militares) y sobre comunicaciones móviles y otras tecnologías que anticipan las capacidades de teléfonos inteligentes modernos. En resumen, es poco probable que se pueda predecir la apariencia del iPhone, en una época en que se desconocía hasta dónde podía llegar la tecnología.

Esto nos lleva a la segunda regla para predecir el futuro:

2. Las nuevas tecnologías casi nunca son el resultado de genios solitarios con ideas brillantes.
Todo es "simple": antes del teléfono inteligente, fue necesario inventar al menos la electricidad y un microprocesador, por no hablar de una cámara digital. O sea, Steve Jobs, él solo no habría inventado nada.

Entonces resulta que aún no existen asentamientos humanos lunares ni marcianos, aunque su aparición fue predicha a mediados del siglo XX, y hay un smartphone que nadie predijo. Esta es la tercera regla:

3. El desarrollo de la tecnología depende de circunstancias aleatorias.
En 1928, Alexander Fleming notó que las placas de Petri sin lavar durante mucho tiempo con muestras de varias bacterias, con las que el científico luchó de manera desigual, tenían moho. Y, he aquí, donde estaba el moho (científicamente - penicilina), no había bacterias. Así que, gracias a la pereza de algún ayudante de laboratorio, la mayoría estamos vivos y relativamente sanos, y la variedad de antibióticos en las farmacias es enorme.

Hay muchos accidentes de este tipo en la ciencia, lo que también está confirmado por la evidencia opuesta: Leonardo da Vinci desarrolló y creó dibujos de aviones, pero el primer avión voló solo a principios del siglo XX, y las primitivas máquinas de vapor existían en la antigua Alejandría, pero definitivamente no había locomotoras de vapor.

4. Es imposible presupuestar tecnologías futuras.
Hasta la fecha, el principal obstáculo en el camino de la humanidad hacia un maravilloso y brillante futuro tecnológico no es la debilidad de la imaginación de los inventores y ni siquiera el bajo nivel de desarrollo de los desarrollos anteriores, sino la trivial falta de presupuesto.

Cuesta alrededor de $10 mil enviar una libra de carga al espacio, es fácil calcular cuánto te costará aproximadamente volar a la luna con 20 kg de equipaje de mano. Más o menos un millón de dólares. ¡Y eso sin traje espacial!

Por desgracia, la creación de cualquier nueva tecnología es terriblemente costosa. Pero ya sabemos que es imposible predecir cuántas cosas habrá que inventar antes de que se pueda lograr un gran avance. Así que planificar los costos de un "gran avance" es una tarea ingrata y bastante inútil. No hay nada que decir sobre las garantías de retorno de la inversión.

5. El futuro se opone obstinadamente a nuestros esfuerzos.
Al predecir qué tecnologías usaremos en 20 años, tenga en cuenta que, en la práctica, cosas completamente impredecibles interferirán con su desarrollo.

A principios de la década de 1960, las tuzas pusieron fin a las pruebas de una fuente de energía alternativa. Sí, los topos. La idea era lanzar una bomba nuclear en una mina de sal profunda en medio del desierto. La explosión habría derretido la sal de roca, que es excelente para retener el calor. Esta sal estaba prevista para condensar grandes volúmenes de vapor. El vapor haría girar las turbinas, eso es electricidad.

Pero todo salió mal. Durante las pruebas, las tuzas mordisquearon los cables de los medidores de radiación, por lo que nadie sabe qué tan radiactiva resultó ser la nueva tecnología. El Proyecto Ploughshare, bajo el cual se llevaron a cabo las pruebas, naturalmente murió con esos topos. No volvieron a intentarlo.

El pensamiento exponencial

Aunque la tecnología se está desarrollando exponencialmente (la tasa de crecimiento de un valor es proporcional al valor de ese valor), nuestros cerebros aún piensan linealmente. Como resultado, desarrollamos una visión del futuro similar a como imaginamos una escalera: después de subir unos pocos escalones, podemos suponer que los mismos escalones nos esperan más adelante. Creemos que cada día subsiguiente será aproximadamente igual al día anterior.

Pero como escribe Kurzweil en su libro The Singularity Is Near, en muchas áreas el rápido desarrollo de la tecnología se acelera constantemente. Esto ha provocado un salto tal en la tecnología y en el ámbito social que se producen malentendidos no solo entre distintas generaciones, sino también dentro de una misma.

Hoy, el futuro no se desarrolla linealmente, sino exponencialmente, por lo que ahora es mucho más difícil predecir qué sucederá y cuándo exactamente. Por eso nos sorprende tanto la velocidad del progreso tecnológico.

¿Cómo podemos prepararnos para un nuevo futuro si estamos acostumbrados a pensar de manera muy diferente? Primero, echemos un vistazo más de cerca a lo que es el crecimiento exponencial.

¿Qué es el crecimiento exponencial?

A diferencia del crecimiento lineal, que ocurre al agregar repetidamente la misma cantidad, el crecimiento exponencial es la multiplicación repetida de esa cantidad. Por lo tanto, un crecimiento lineal en el gráfico se verá como una línea recta que sube constantemente, y un crecimiento exponencial se verá como una línea que sube bruscamente.

Aquí hay otra forma de entender mejor qué es el crecimiento exponencial. Imagine caminar por la carretera con un paso de un metro. Después de seis pasos, avanzarás seis metros (1, 2, 3, 4, 5, 6). Después de otros 24 pasos, estará a 30 metros del punto de partida. No es difícil predecir dónde estará en otros 30 pasos. Esta es la esencia del crecimiento lineal.

Ahora imagine que puede duplicar la longitud de cada paso posterior. Al dar seis pasos, avanzará 63 metros, que es significativamente más que los 6 metros que caminaría en una caminata normal.

Después de dar 30 pasos, ahora estará a mil millones de metros (un millón de kilómetros) de su punto de partida; esta distancia es igual a veintiséis revoluciones alrededor de la Tierra. Este es el asombroso poder del crecimiento exponencial.

¿Por qué no creer en las predicciones exponenciales?

Tenga en cuenta que, al duplicar la longitud del paso, para cada paso subsiguiente se moverá una distancia igual a la suma de todos los pasos anteriores. Antes de avanzar mil millones de metros (Paso Treinta), llegará a 500 millones de metros (Paso Veintinueve). Y eso significa que los primeros pasos parecerán pequeños en comparación con los últimos. La mayor parte del crecimiento ocurrirá en un período de tiempo relativamente corto.

Es por eso que a menudo simplemente no vemos un crecimiento exponencial en sus primeras etapas. La velocidad de este proceso es engañosa: comienza lenta y gradualmente, al principio es difícil distinguirlo del crecimiento lineal. Esta es la razón por la que las predicciones de la tasa de crecimiento exponencial parecen tan increíbles.

Cuando los científicos comenzaron a escanear el genoma humano en 1990, muchos críticos señalaron que al ritmo al que se podía llevar a cabo la investigación, llevaría milenios completar el proyecto. sin embargo, los científicos se reunieron incluso un poco antes del período planeado por ellos mismos (15 años). la versión original se completó en 2003.

¿Se detendrá alguna vez el crecimiento exponencial?

En la práctica, el crecimiento exponencial no puede durar para siempre, pero puede continuar durante mucho tiempo. Una tendencia exponencial sostenible consiste en una serie de curvas en S sucesivas en el ciclo de vida de la tecnología.

Cada una de estas curvas consta de tres etapas de crecimiento: un crecimiento lento inicial, un crecimiento rápido repentino y una nivelación cuando las tecnologías ya se han desarrollado lo suficiente. Estas curvas se superponen entre sí. Cuando el desarrollo de una tecnología se ralentiza, el desarrollo de otra se acelera. Y cada vez se necesita menos y menos tiempo para alcanzar mayores niveles de rendimiento.

Existen cinco hitos tecnológicos en el siglo XX:

- Electromecánica;
- Relé
- Tubos de radio;
- Transistores discretos;
- Circuitos integrados.

Cuando una tecnología agotó sus capacidades, fue reemplazada por la siguiente.

Cómo prepararse para el futuro

¿Cómo podrían ser los próximos cinco años, por ejemplo? Una de las formas comunes de predecir es mirar hacia atrás en los últimos cinco años e imaginar que los eventos futuros continuarán desarrollándose al mismo ritmo. Pero ahora ya no funcionará, porque la misma velocidad de desarrollo está cambiando. Lo más probable es que lo que cree que sucederá en los próximos cinco años suceda en tres años.

Para el pensamiento exponencial, las habilidades especiales de planificación (cómo planificar) no importan tanto como la capacidad de calcular el tiempo correctamente. Y para ello, no debemos olvidar que nuestro cerebro tiende a pensar linealmente y ajusta sus planes a un futuro exponencial.

¿Por qué es importante aprender a pensar exponencialmente?

Nuestro cerebro de pensamiento lineal puede darnos muchos problemas. El pensamiento lineal hace que no solo los individuos sino también las empresas y los gobiernos se vean sorprendidos por factores que evolucionan exponencialmente.

Las grandes empresas están perdiendo dinero ante competidores inesperados y a todos nos preocupa que nuestro futuro esté fuera de control. El pensamiento exponencial te ayudará a deshacerte de estas preocupaciones y afrontar el futuro totalmente armado.

Capítulo 4
Cómo predecir el futuro

El deseo de saber su futuro, el nombre de su futuro cónyuge, el número de hijos es el deseo más natural de una persona. Muchos científicos, profetas, astrólogos han tratado de predecir los eventos que sucederán mañana, pasado mañana, en dos o tres días, por lo menos en un año. Grandes profecías a menudo se han hecho realidad. Predijeron desastres naturales, la desaparición de civilizaciones. ¿Existe una manera confiable de conocer su futuro más verdadero y preciso? Dichos métodos incluyen la adivinación en tarjetas, en posos de café, en un espejo. Todavía no se han ideado métodos más efectivos.

Mirando hacia el futuro e imaginándonos en él, de alguna manera tendemos a ver todo bajo una luz más atractiva. En el futuro, siempre tendremos más tiempo libre, una cintura más delgada, un salario más alto, una voluntad más fuerte, estaremos rodeados de gente más comprensiva, etc. Y no tendría nada de malo si realmente pudiéramos confiar en nuestras ideas. Sin embargo, la mayoría de las veces, después de un tiempo nos encontramos todos iguales, con los mismos problemas, fallas y malos hábitos.

A Hal Ersner-Herschfield, psicólogo de la Universidad de Nueva York, se le ocurrió la idea de medir la continuidad del "Yo futuro": cuánto percibimos nuestra imagen futura como la misma persona que existe en el momento presente. Resultó que no todos perciben al "Yo futuro" como un absoluto extraño, algunos están bastante cerca de él. Ersner-Herschfield descubrió que las personas con un alto grado de sucesión ahorran más, se endeudan menos con las tarjetas de crédito y preservan mejor sus reservas físicas y su salud en beneficio de su "yo futuro".

El científico mostró a los jóvenes en edad de jubilación. El experimento involucró a animadores que crearon avatares tridimensionales "envejecidos" de los participantes. El efecto fue muy realista: los participantes se sentaron frente al espejo, pero vieron los reflejos de su "Yo futuro": si la persona movía la cabeza o hablaba, el reflejo repetía por completo esos movimientos. El experimentador hizo preguntas a todos: "¿Cómo te llamas? ¿De dónde eres? ¿Qué te interesa en la vida? Luego, los participantes abandonaron el laboratorio de realidad virtual y comenzaron a crear un presupuesto imaginario. Se les dio $1,000 a cada uno y se les pidió que dividieran esa cantidad en varias partes: gastos corrientes, entretenimiento, ahorros para la jubilación. Los participantes que interactuaron con "Future Me" ahorraron dos veces para su vejez. Los participantes que interactuaron con "Future Me" ahorraron dos veces para la vejez que aquellos que se sentaron frente a un espejo real y vieron su reflejo "joven".

La alta continuidad del "Futuro Yo" también afecta la toma de decisiones morales. El último estudio muestra que las personas que no están familiarizadas con "Future Me" son mucho menos honestas en los juegos de rol de negocios. Ellos fanfarronean con más frecuencia, se embolsan el dinero que encuentran, y revelan los secretos de otras personas. Es como si la desconexión con su yo futuro les permitiera pasar por alto las consecuencias de sus propias acciones.

Tres formas de conocer a tu futuro yo

Ayúdese a tomar decisiones sabias enviándose al futuro. Hay tres formas de hacer que el futuro sea más tangible.

- **Método 1.**

Dibuje su futuro de la forma más realista y detallada posible. Por ejemplo, cuando esté tratando de decidir si empezar a trabajar en un proyecto ahora o la próxima semana, imagínese en una situación simple, digamos en el supermercado, exactamente una semana después. ¿Cómo estás vestido, qué tienes en las manos, qué productos estás poniendo en la canasta? Cuantos más detalles, más honestamente calcula el cerebro las consecuencias de las decisiones actuales. ¿No puede comprar esa barra hoy? Entonces, lo más probable es que la compre en una semana y en un mes.

- **Método 2.**

Enviar un mensaje a "Future Me". Los fundadores del proyecto FutureMe.org han ideado una forma de comunicarse con "Future Me". Desde 2003, el sitio ha estado almacenando los correos electrónicos de las personas solo para sí mismo. Los mensajes se envían a los destinatarios cuando se acerca la fecha límite especificada. Trate de escribir un mensaje para usted mismo en el futuro, incluso en versión en papel. ¿Sobre qué escribirías? ¿Cuáles son sus metas, esperanzas para el futuro, qué hará y a qué renunciará? ¿Qué te agradecerán las acciones de "Futuro yo" de hoy?

- **Método 3.**

Imagine su futuro yo. ¿Qué es él? ¿Practica deportes regularmente y goza de excelente salud, o está inactivo con un montón de llagas? Un estudio encontró que imaginarse el "yo futuro" de uno en realidad hizo que los adictos a la televisión se levantaran del sofá. Dos meses después ejercieron más de un grupo de control que no se dio a la tarea de pensar en su futuro. Piensa en cómo cosecharás los frutos de tu trabajo o te arrepentirás de tus acciones actuales. ¿Qué pensarás, sentirás, desearás?

Consejos para ayudarlo a completar estas tareas:

- Destruir rutas de escape. Como es sabido, la mejor manera de llegar a la meta y no volver es no dejar camino atrás. Los marineros y conquistadores del pasado lo sabían y, por lo tanto, al bajar a tierra, quemaron sus barcos. Sabiendo que el miedo y la fatiga pueden paralizarte en el futuro, encuentra una manera de evitar rendirte. Compre una cuota de membresía anual para un gimnasio (hay aquellos en los que saltarse las clases cuesta más que el entrenamiento en sí, un gran motivador). Encuentre un profesor de idiomas extranjeros y pague por sus servicios con tres meses de anticipación, acordando sanciones adicionales por interrumpir las clases. Cree reglas que no pueda romper.

- Castígate a ti mismo por tus debilidades. También puede controlar el tiempo que pasa en las redes sociales. Si se fija un umbral aceptable de 15 minutos al día y lo rompe, se cargará una cierta cantidad a tu tarjeta en beneficio de la organización benéfica. Incluso hay una "anti-caridad" en el sitio, cuando se ingresa una multa en la cuenta de una organización que es ajena a usted, de modo que la pérdida por derrota también es de naturaleza moral. Pídale a sus amigos que hagan tales apuestas con usted: fortalecerá perfectamente su fuerza de voluntad.

Recuperar la capacidad de predecir el futuro

Las mentes científicas han desarrollado una teoría de la información que prueba que predecir el futuro es una habilidad innata del cerebro humano, que lamentablemente la humanidad ha perdido.

Los parapsicólogos, partidarios de esta teoría, realizaron numerosos experimentos en el campo de la conciencia y la subconsciencia, y también estudiaron en detalle las obras religiosas, filosóficas e históricas de diferentes naciones: la Biblia, el Corán, los Vedas, la Torá.

Entonces, por ejemplo, los parapsicólogos creen que algunas disposiciones de la teoría de la información están contenidas en las enseñanzas de Zarathushtra, el fundador de la religión del zoroastrismo y un profeta que recibió información del futuro.

Zarathushtra creó la religión de adorar el Buen Pensamiento, considerando al Dios Supremo Ahura

Mazda como el Señor del Pensamiento. En su clase, explica cómo trabajar con información interna.

En resumen, la esencia de la teoría moderna de la información se explica de la siguiente manera.

El cerebro humano es una matriz que está llena de varios códigos de información. Una persona vive en un flujo de tiempo tridimensional y constantemente recibe y emite información.

La información que emite se remonta al pasado, la información que recibe proviene del futuro.

La información en sí misma no es más que la conexión entre el cuerpo mental y físico del hombre, y el hombre es su fuente y receptor.

Por lo tanto, dado que una persona vive en una corriente de tiempo tridimensional, está simultáneamente en el pasado y en el futuro.

Él mismo envía señales de información del futuro al pasado, y viceversa.

Una persona puede modelar constantemente su futuro cambiando su pasado, y siempre hay varias opciones diferentes para su futuro.

Paradójicamente, la idea principal de la teoría de la información se descubrió accidentalmente en la película "Efecto mariposa", incluso antes de que esta teoría sonara en los círculos científicos y recibiera reconocimiento.

La investigación ha demostrado que, para predecir el futuro, una persona necesita experimentar un estallido de actividad intelectual o emocional: el flujo de información del futuro se manifiesta en la creatividad.

No es de extrañar que precisamente los escritores y poetas, los artistas y los directores a menudo resultaron ser profetas, que en sus obras describieron con precisión futuros inventos y desastres.

Los científicos lo explican así: los objetos de arte, la cultura, la literatura ayudan a establecer una conexión con el futuro, porque están dirigidos a los descendientes y los pensamientos de los descendientes: obras de arte.

La comunicación espiritual se produce entre el creador y el espectador. La gente intercambia pensamientos.

Por ejemplo, un escritor escribe sus pensamientos en un papel. Los descendientes los leen y reflexionan sobre la creatividad del escritor. El viento del tiempo arranca sus pensamientos como hojas viejas y los lleva al pasado, donde algunos acaban con el escritor. De ahí las misteriosas predicciones.

Pero, por supuesto, los descendientes no dirigen su pensamiento a todos, sino a los pensadores que han dejado su huella en la historia.

Los científicos afirman que, en la etapa actual de desarrollo, una persona puede intentar restaurar la capacidad perdida.

A través de un entrenamiento especial, puede mejorar la "audibilidad" del futuro, pero para esto necesita aprender a moldear el flujo de información.

Hay diferentes caminos para esto Palabras clave: concentración de atención, hipnosis, meditación, yoga.

Se necesita una comprensión larga y minuciosa de las imágenes transferidas al pasado. La información sobre el evento debe ir acompañada de un estado de ánimo emocional especial, y para cada persona este estado de ánimo es individual.

Estudios recientes prueban que la adivinación y la telepatía son más características de los niños que de los adultos.

Al nacer, el cerebro humano se desarrolla, no solo obedeciendo las leyes de la herencia biológica, sino que también percibe información del futuro relacionada con las próximas actividades de una persona y su destino. El cerebro del niño, tanto como puede, se prepara para las próximas pruebas.

En el diario del colegial de Moscú Lev Fedorov, escrito justo antes del comienzo de la 2da. Gran Guerra, no solo contiene una fecha bastante precisa del comienzo del conflicto bélico, sino que también revela el significado principal y el contenido del plan depredador de "Barbarroja".

La presentación da un pronóstico brillante y detallado del futuro, muestra la inferioridad y futilidad de este plan, la inevitabilidad del colapso de las aspiraciones militares alemanas.

Los cerebros de los niños perciben la información del futuro de manera más brillante, por lo que los niños pueden enfermarse.

Pocos humanos modernos pueden usar habilidades telepáticas, pero los animales las usan todo el tiempo en sus vidas.

En el libro "Entrenamiento de animales", V. Durov habló sobre la influencia de los comandos mentales en el comportamiento de los animales. El perro ejecutó sus órdenes mentales a través de la pared, sin ver ni oír al hombre. Y a veces todo el programa.

La telepatía es uno de los métodos más efectivos de entrenamiento animal.

Para comprender mejor la naturaleza de la adivinación, la telepatía y los sueños proféticos, científicos en Rusia, Europa y América han realizado miles de estudios y experimentos para estudiar las predicciones más grandes del pasado.

Hay muchos casos en que los profetas predijeron muerte o desastres.

El presidente estadounidense Abraham Lincoln tuvo sueños y visiones en varias ocasiones (la última fue antes de un intento de asesinato), que predijeron su muerte a manos de un asesino a sueldo.

Los filósofos y figuras religiosas creen que la predicción profética es iniciada por la voluntad de Dios. Esta es una maravillosa revelación de Dios.

Pero la opinión de los científicos sobre este tema es la opuesta: "un milagro señala la imperfección de este mundo, interfiriendo en el curso de los acontecimientos. No encaja en las ideas de la armonía del universo".

En otras palabras: el hombre es su propio profeta.

Actualmente, los científicos parapsicólogos están trabajando en la creación de un método de predicción profética, gracias al cual es posible restaurar la habilidad perdida.

En el siglo XXI, la fe de las personas en los milagros y las predicciones es más fuerte que nunca. Como hongos, después de la lluvia surgieron centros y academias parapsicológicas, escuelas de magia y ocultismo.

Los charlatanes ofrecen "predicciones del futuro" por correo y teléfono, pero esto es absolutamente imposible con una comunicación superficial. Simplemente usan la confianza y la creencia de la gente en la magia para sus propios fines egoístas, ganando mucho dinero con ello.

No debe recurrir a gitanos y adivinos para obtener predicciones, porque cada persona puede "arreglar" su vida en función de su edad y experiencia, ayudarse a sí mismo a encontrar una salida a situaciones difíciles, apoyarse en tiempos difíciles.

Lo más importante que debe recordar es que la conciencia de una persona es algo

Uno u otro resultado de la adivinación, según los expertos, puede inspirar a una persona y, por lo tanto, alentarla a darse cuenta de su futuro.

Al poseer una variedad de conocimientos, puede aprender a predecir el futuro de forma independiente sin recurrir a magos y psíquicos. Su mente es realmente consciente de todos los eventos que deberían sucederte en el futuro. Aprender a escuchar a su mente significa aprender a anticipar.

Siéntese a la mesa, encienda una vela y coloque una hoja de papel en blanco frente a usted. Tome una pluma estilográfica con su mano no dominante y comience a escribir las preguntas que más le interesen. Luego ponga el bolígrafo en la mano opuesta y comience a responderlas. Y escriba lo que le venga a la mente, incluso si estas respuestas no le quedan bien. Este método nunca falla, la predicción así obtenida coincidirá al cien por cien. Con un entrenamiento constante, en el futuro no necesitarás lápiz y papel, escuchará a su mente y se convertirá en un oráculo de su destino.

Si desea responder preguntas sobre un ser querido, debe conectarse al Campo de Información de la Tierra. En primer lugar, debe observar un ayuno estricto durante dos semanas. Al mismo tiempo, antes de conectarse, renuncie al sexo. El propósito del enlace debe ser claro y bien definido. Entonces, si ha cumplido con todas las condiciones anteriores, vaya a la práctica. Es mejor hacerlo en soledad y perfecto silencio. El mejor lugar es una habitación vacía. Extienda una frazada en el piso, desvístase y siéntese (tape los genitales con un pañuelo o toalla). Cruce las piernas en posición de loto, cierre los ojos y coloque las manos con las palmas abiertas hacia arriba. Deje ir todos los pensamientos y relájese lo más posible, respirando uniformemente, como si estuviera durmiendo.

Pase a la parte práctica de conectarse con el Campo de Información de la Tierra. Después de haber liberado su cerebro de pensamientos y deseos, calmado tanto que sentirá un vacío a su alrededor, formule claramente la pregunta a la que desea obtener una respuesta. Casi cualquier conocimiento en el campo de la ciencia estará abierto para usted. Lo principal es la falta de presión y paciencia. Sin embargo, es posible que no se le permita acceder al cuadro de información por cualquier motivo. Sentirás una barrera o un muro frente a usted. En este caso, vale la pena volver a la realidad de inmediato y no repetir los intentos de penetración en un futuro próximo. Aún no ha llegado su hora, espere un momento.

Si todo salió bien, un chorro de luz pura le recorrerá y le llevará en una dirección desconocida. Cuando sienta que está en una montaña rusa, no se resistas ni tenga miedo. Escuche atentamente las emociones y los sentimientos, observe. Experimentarás alegría y emoción. Normalmente, un vuelo por el Campo de Información no dura más de veinte minutos. Si el Gran Poder le hace pensar que ya es suficiente, sentirá la presión y se dará cuenta de su cuerpo en la realidad. Puede que empiece a temblar y temblar, pero esto pasará pronto.

Capítulo 5
Numerología

La numerología es la ciencia de los números, que se basa en las enseñanzas de los pitagóricos. Con la ayuda de nueve dígitos, se crea un código específico. Según la numerología, cada letra del alfabeto tiene su propio número de serie. Puedes conocer tu destino por tu nombre. Por ejemplo, el nombre Anna se calcula de la siguiente manera: $1+15+15+1=32=3+2=5$. Ahora solo vale la pena mirar en la tabla con el significado de los números.

El significado de los números

Una forma más precisa de conocer su futuro, es usando también el apellido y el patronímico. Una tabla con el significado de los números ayudará a determinar el destino:

1 - Un número que se fusiona con cualquier tipo de alma y destino;

2 - Es un número que trae paz y tranquilidad;

3 - Hace famosa a una persona;

4 - Trae mala suerte;

5 - Trae armonía a la familia;

6 - Otorga imaginación, pensamiento creativo;

7 - El número de pioneros

8 - Trae soledad y dificultades

9 – Da fuerza a la voluntad de lucha.

Si después de la adivinación se obtiene un mal resultado, se puede cambiar, por ejemplo, tomar el apellido del cónyuge. El código de destino se puede calcular tomando el día, mes y año de nacimiento, por ejemplo, 24.5.1984: 24+5=29+1984=2013=6.

¿Cómo determinar tu número de la suerte?

Cada número contiene energía que podemos usar para lograr nuestras metas personales. Sin embargo, primero debe determinar su número de éxito individual.

Desde la antigüedad, las personas han utilizado la magia de los números para conseguir lo que quieren y lograr sus objetivos. La numerología ha estudiado durante mucho tiempo todas las características de los números, como resultado de lo cual quedó claro que cada uno de ellos tiene un significado muy importante, así como algunas propiedades energéticas.

¿Cómo determinar el número de éxito?

Para encontrar su número, puede calcularlo o prestar atención a los números que ve con más frecuencia en la vida cotidiana. Estos números pueden ser:

•   Número de apartamento o de las placas de los autos

•   Uno de los números de su fecha de nacimiento, especialmente si uno de ellos se repite varias veces

•   Un número que está asociado con recuerdos agradables (por ejemplo, en un examen solo sabías las respuestas del tercer módulo y sabía todas las respuestas)

•   Este número se encuentra a menudo en los números de serie de las facturas. En este caso, puede atraer riqueza.

Todos los signos anteriores pueden indicar su número de éxito. Pero para un resultado más preciso, es mejor calcularlo.

Cómo calcularlo

La fecha de nacimiento determina nuestro destino. Gracias a él, puede aprender sobre el carácter, los hábitos, el futuro e incluso el pasado de una persona. En este caso, debe usar la fecha de nacimiento para calcular el número de éxito.

Primero, tome una hoja de papel y escriba la fecha de nacimiento, por ejemplo, 14.05.1988.

Luego sume todos los números desde la fecha de nacimiento: 1 + 4 + 0 + 5 + 1 + 9 + 8 + 8 = 36.

Si obtiene un número de dos dígitos, debe sumar los números para obtener un número de un solo dígito: 3 + 6 = 9.

Después de hacer estos simples cálculos, sabrá su número de éxito. Queda por descubrir cómo usarlo correctamente.

¿Cómo usar nuestro número de la suerte en la vida cotidiana?

En primer lugar, le recomendamos que lo anote en un pequeño papel y lo lleves siempre consigo. Lo más importante es que no caiga en manos de otras personas, de lo contrario su energía se debilitará. Pero incluso si esto sucede, no se enoje. En ese caso, tiene que volver a ponerlo en papel, pero esta vez con más cuidado.

Con su ayuda, incluso puede cumplir su deseo. Para hacer esto, debe tomar una hoja de papel y escribir su deseo tantas veces como su número. Luego, esconderlo bien, pero no olvide visualizar periódicamente su sueño. Gracias a la fuerte energía de su número, pronto el deseo se hará realidad.

Planifique eventos importantes, negociaciones comerciales y negocios en la fecha del mes correspondiente a su número. Por ejemplo, si su número es 8, la fecha más exitosa es 08.08.

En este momento, su número estará particularmente activo, lo que significa que cada una de sus acciones conducirá al éxito.

También puede usar el número para mejorar su vida amorosa. Por ejemplo, su número es 6, lo que significa que es mejor programar reuniones en esta fecha y a esa hora.

Gracias a su número, puede determinar la compatibilidad espiritual con otras personas, pero para esto necesita calcular sus números individuales. Si los números coinciden, significa que tiene una conexión especial con esa persona. Este método se puede utilizar para determinar la compatibilidad amorosa con su pareja.

Si planea mudarse, es mejor si su apartamento o casa también coincide con su número individual. En este caso, el nuevo lugar de residencia solo le traerá suerte, y entre las paredes de su hogar siempre se sentirá cómodo.

Los estudiantes pueden usar este número para aprobar los exámenes. Por supuesto, no puede saber de antemano qué pregunta sacará, pero puede escribir el número de éxito en la mano con la que elegirá el boleto. Este método a menudo funciona.

Si a menudo experimenta dificultades financieras, puede usar el número de éxito para mejorar su situación económica. En este caso, puede probar suerte en la lotería. Intente comprar un boleto en el número en el que aparezca su número tantas veces como sea posible.

Si desea aumentar sus ingresos, debe escribir el número de éxito y guardarlo en su billetera. Además, puedes ponerlo en una alcancía o en cualquier otro lugar donde atesore dinero. La fuerte energía de su número puede acelerar el flujo de energía del capital, lo que significa que su situación financiera pronto mejorará.

Número de vida

En su informe de numerología personal, el más importante es el llamado Número de vida. Tiene el mayor interés en determinar la dirección de su vida. El número de vida se deriva de su fecha de nacimiento y determina en gran medida su conjunto de habilidades y destrezas, las manifestaciones negativas que necesita equilibrar e incluso su motivación y propósito en la vida.

¿Cómo determinar el suyo?

Calcular su Número de Vida es fácil y requiere cálculo básico. Comience escribiendo su fecha de nacimiento.

En un informe de numerología, cada número se reduce a la vibración de un solo número. Por ejemplo, 20 se reduce a 2 (2+0=2) y 31 se reduce a 4 (3+1=4). Una excepción a esta regla solo se aplica a los "grandes números" 11 y 22. Estos números tienen un significado especial y nunca se reducen en los cálculos de Número de Vida.

Calcule el día, mes y año de tu nacimiento con un solo número.

EJEMPLO 1: Si su cumpleaños es el 20 de julio de 1953, escriba:

día: 20 = 2+0 = 2

mes: julio es 7 mes = 7

año: 1953 = 1+9+5+3 = 18 = 1+8 = 9

EJEMPLO 2: Si su cumpleaños es el 22 de julio de 1953, dado que 22 es un número grande, escriba:

día: 22

mes: julio es 7 mes = 7

año: 1953 = 1+9+5+3 = 18 = 1+8 = 9

Ahora suma los números resultantes y redúcelos a un solo número nuevamente.

1)   2+7+9 = 18 = 1+8 = 9
Número de vida = 9

2)   22+7+9 = 38 = 3+8 = 11 (Dado que 11 también es un número grande, no se reduce).
Número de vida = 11

Una persona puede tener uno de los siguientes números de vida: 1, 2, 3, 4, 5, 6, 7, 8, 9, 11 y 22.

Significados de los números en numerología:

Uno: indica nuevos comienzos, energía positiva, pureza. Se trata de recompensas por acciones. Dibuja una imagen de perfeccionista, creativa, emprendedora, dominante, popular, justa e impaciente.

Dos: puedes unirte con otros en los mismos ideales. Representa la maternidad, el aprendizaje, la ternura y los dilemas. Simboliza pensamientos profundos. También te convierte en una persona carismática e influyente.

Tres: Eres una persona divertida, cariñosa y optimista. Por otro lado, tienes un lado hablador, encantador y atractivo. El número tres te trae idealismo y la capacidad de superación personal.

Cuatro: Eres fuerte, disciplinado, meticuloso en los detalles, organizado y sistemático. También eres confiable y leal. El número cuatro también representa la paciencia. Sin embargo, también tiene características como pelear y ser testarudo.

Cinco: De espíritu libre. Le gusta viajar. Es divertido estar cerca de esta gente. Son aventureros. El número cinco representa la confianza en uno mismo. Además, estas personas son generalmente inquietas. Aparte de esto, también hace referencia a conceptos como ser crítico, lógica e inteligencia.

Seis: estas personas son compasivas, solidarias y pacíficas. Los placeres, el amor, la dulzura, los principios femeninos y las relaciones caen bajo el número 6.

Siete: Además de ser introvertido, intuitivo, sensible, tranquilo; son solucionadores de problemas, analíticos y justos. Estas personas muestran interés por lo oculto. Los temas profundos los atraen.

Ocho: Se destacan por sus características prácticas, ambiciosas, trabajadoras y de líder. Estas personas son personas de éxito. Pueden tender a ser adictos al trabajo, pero eso no interfiere en su vida familiar. Tienen una vida familiar equilibrada. Están dispuestos a correr riesgos. Sin embargo, el número ocho también simboliza experiencia, moderación y control.

Nueve: estas personas tienen un fuerte sentido de la justicia. No abandonarán la lucha por ello. No se dan por vencidos en el camino hacia la meta. Su espiritualidad es fuerte. Estas personas son sanadores y guías. Por otro lado, son leales, compasivos y creativos.

Once: Inspiradores, de pensamiento libre, cautivando a las personas que los rodean. A veces pueden estar preocupados. Estas personas definitivamente necesitan trabajar en lugares creativos. Además, el número once trae consigo engaños.

Veintidós: el número más fuerte de la numerología es el 22. Son desinteresados, inspiradores, pacíficos y humildes. Aman y se preocupan por la humanidad. El número veintidós trae sabiduría.

La numerología según la Cábala

La Cabalá es una antigua enseñanza mística que rastrea la misteriosa conexión entre la vida y la predestinación. Con la ayuda de los números, la Cabalá predice el futuro, revela el carácter de cada individuo, aconseja cómo alcanzar el éxito y una carrera vertiginosa.

Le brindamos otra forma de comprender más acerca de su destino, el camino de su vida y su verdadera naturaleza. Con la ayuda del número cabalístico 142857, que trae armonía cósmica, puedes averiguar si eres las caricias del Destino. Para ello, escribe tu año de nacimiento, mes y día en una hoja de papel. A éstos súmese el número cabalístico 142857.

Por ejemplo: si nació el 7 de junio de 1978, su suma es: 197867 + 142857=340742. Elimine los ceros y los dígitos repetidos de este número. Entonces obtendrá el número 372. Sume de nuevo: 3+7+2=12. Si obtiene un número mayor a 12, vuelva a sumar.

Ahora mira lo que dice la Cabalá sobre su Destino:

1. Si tu número es "1", naciste bajo una estrella de la suerte. Tienes la oportunidad de organizar su vida como quiera, en lugar de resignarse al azar. El destino le recuerda que la felicidad es como la salud: si no la nota, entonces le pertenece.

2. A menudo sufre por su naturaleza contradictoria. Puede superar su indecisión y vacilación si establece una meta significativa y la persigue persistentemente. Solo tendrá éxito con trabajo duro, pero no con astucia

y engaño. El destino le dice que debe construir su carácter, paso a paso, para cosechar el éxito.

3. Nació con mucha suerte. Su vida es fácil y placentera, sin muchos, muchos sobresaltos. Los astros le protegen, pero también le aconsejan que no dé por sentada su vida. Recuerde que hasta las rosas tienen espinas.

4. Toda su vida luchando por la suerte, pero le elude. Sin embargo, le hace más decidido, combativo y persistente. Pase lo que pase con usted, sigue siendo optimista, lo cual es encomiable. La buena noticia para usted es que sus travesuras serán patrocinadas por una estrella de la suerte. El destino le dice que no puede mandar al mundo, pero puede mandarse a sí mismo.

5. El camino de su vida es una lucha. Tiene éxito, pero solo usted sabe a qué precio. Hay que luchar por todo con mucha voluntad. Al final, logra sus objetivos. En el amor, sin embargo, difícilmente se encuentra la felicidad. El destino le susurra que busque lo grande mientras aún es pequeño.

6. Su naturaleza salvaje y desenfrenada a menudo se interpone en el camino de su suerte. Si domina su naturaleza rebelde, alcanzará el éxito en la vida. Los astros le revelan que una persona miente siempre que actúa con astucia.

7. El destino le da muchas oportunidades, pero no las aprovechas a todas por errores frívolos. Cuando sienta el pájaro de la suerte en su hombro, no lo dejes ir. A pesar de sus errores, el Destino es generoso con usted,

pero le recuerda que saber esperar es el camino más seguro hacia el éxito.

8. No estás privado de suerte, pero parece estar huyendo de ella. Carece de autocontrol y equilibrio de carácter, por lo que paga un alto precio. A menudo se siente incomprendido y jugado. En lugar de quejarse, mejor tomar su vida en sus manos y actuar. El destino le dice que aquellos que se quejan de su vida tienen la mayor razón para quejarse solo de ellos mismos.

9. Le falta el coraje y la confianza para tener éxito. Tiene oportunidades, pero aún no se decide a aprovecharlas. Incluso si comete errores, ganará experiencia. El destino le aconseja que no se desanime, incluso si no lo consigue y empieza de nuevo.

10. ¡Felicidades! Nació con buena estrella, pero también sabe muy bien cómo prosperar en la vida. La advertencia para usted es que no establezca metas demasiado altas, ya que las grandes ambiciones a veces lo enferman.

11. Tiene la habilidad única de lograr sus objetivos con poco esfuerzo. Consigue fácilmente la comodidad. Sería bueno no aflojar en el empeño, incluso cuando cree que lo ha logrado todo. ¡Cuando la pereza se mueve lentamente, la pobreza la alcanza fácilmente!

12. Se ha concentrado en la felicidad y las necesidades de los demás, por lo que a menudo olvida su propia felicidad. Puede lograr la armonía en su vida si supera su naturaleza voluble. En lugar de esperar el momento adecuado, es mejor aprovechar cada oportunidad. ¡Los ojos del miedo son grandes!

Número Alquímico Dorado

Es una suma completa de los números del apellido, nombre y patronímico y fecha de nacimiento. El número es definitorio, describe la estructura interna de la persona, su fuerza y vulnerabilidad al mismo tiempo. Con la ayuda del Número Alquímico Dorado, el hombre interactúa tanto con su realidad interna como externa.

El Número Alquímico Dorado, así como el Número de la Personalidad y el Alma, cambia durante la vida, por ejemplo, cuando cambia el apellido de las damas. En la mayoría de las tradiciones, una persona no lleva el mismo nombre a lo largo de su vida. Hubo un ciclo de iniciaciones: transiciones de una comunidad social y espiritual a otra, en las que el nombre a menudo cambiaba. Y junto con esto, la estructura numerológica de la persona cambia: las estructuras de su alma relacionadas con la autorrealización (número del alma) y los roles sociales (número de la personalidad).

En la actualidad, las iniciaciones no son muy comunes. La única excepción es el cambio de apellido para las mujeres que se casan (lo que ya es poco común en ciertas regiones), así como los seudónimos creativos. Por lo tanto, el número alquímico es relativamente estable a menos que uno lo ajuste conscientemente.

Cómo se calcula el número alquímico de oro

Ejemplo: Ivan Petrov
Fecha de nacimiento: 01.01.1980
Nombre Ivan = 9+3+1+5= 18=1+8=9 Petrov= 7+6+1+8+6+3=31=3+1=4 Ivanov=9 +3+1+5+6+3 =27=2+7=9 01.01.1980= 1+1+1+9+8+0=20=2+0=2 9+4+9+2=24 =2+4=6

Características breves

- **Número alquímico 1**

Esta persona es un líder incondicional, fuerte y decidido. No cumple con la sociedad, con sus fundamentos y escenarios. Por otro lado, esta persona depende de su flujo de energía, de la conexión con el egregor (Los egregores son energías que parece que adquieren conciencia propia y requieren energía para seguir existiendo, o sea, son postulados que mucha gente sostiene y cobran trascendencia). Y si desaparece, la persona pierde sentido en la vida, pierde su fuego interior y su carisma.

- **Número alquímico 2**

Persona orientada a la actividad conjunta, de sociedad. Se revela cuando siente apoyo y seguridad, un compañero fuerte y confiable a su lado. Para una autorrealización armoniosa, necesita su propia zona de confort, donde pueda relajarse por completo, sentirse protegido.

- **Número alquímico 3**

El hombre brilla con energía y alegría, es el creador de la atmósfera de las vacaciones. Está rebosante de ideas, sin duda tiene talento, sabe contagiar a los demás con su entusiasmo. El trío no puede vivir en la rutina, la monotonía, la grisura y la indiferencia los matan.

- **Número alquímico 4**

El epítome de la estabilidad. Mientras esta persona está en su lugar, destila confianza y firmeza. Es práctico y mercantil, pero puede ser increíblemente cariñoso con sus seres queridos. Es fuerte en su campo, pero con un cambio repentino en el entorno, experimenta estrés hasta que encuentra una nueva base, un punto de partida para el crecimiento futuro.

- **Número alquímico 5**

Esta es una persona exitosa, una persona feliz, un favorito universal. Sabe encantar y arrastrar tras de sí. Vive alegre y brillantemente, realizándose en los negocios, la creatividad y el amor. Es fuerte con su confianza interna en el destino y su éxito, y cuando la pierde, se derrumba.

- **Número alquímico 6**

Esta es una persona hermosa, armoniosa y conmovedora. Sabe cómo crear una atmósfera de paz y tranquilidad a su alrededor. Un aura de comodidad y amabilidad se cierne a su alrededor, atrae a los demás, los ayuda a relajarse y sentir el calor del corazón. La persona con el número 6 pierde su poder si no siente el amor de los demás, si lo traicionan y no lo aprecian.

- **Número alquímico 7**

Persona pensativa y seria. Es un mentalista, un filósofo, un analista. Todos sienten su superioridad intelectual, su capacidad para pensar estratégicamente y planificar situaciones con muchos movimientos por delante. Por otro lado, sin el apoyo de su entorno, esta persona pierde contacto con la realidad, está mal adaptada a la actividad práctica.

- **Número alquímico 8**

Un gran triunfador. Es capaz de asumir la responsabilidad por el destino de los demás, de crear estructuras organizativas en todas las esferas de la vida. Estas son personas exitosas, socializadas y fuertes. Pierden su poder cuando fracasan sus proyectos, en los que han invertido energía y tiempo. Estas personas tienen dificultades para recuperarse de los golpes del destino.

- **Número alquímico 9**

Una persona profunda, mística e introvertida. Saca fuerza de su mundo interior, vive en su propia realidad, que tiene poco en común con el mundo objetivo, escribe Fenómeno. Su fuerza reside en la confianza en su propia fuerza, en su intuición y en su destino. Y su debilidad es que sucumbe a muchas tentaciones: ilusiones, alcohol, etc.

Capítulo 6
Adivinación con cartas

Entre la masa de diferentes atributos mágicos utilizados, la adivinación en cartas ordinarias sigue siendo el tipo más popular.

Cartomancia

Existen métodos simples de lectura del tarot, que no implican necesariamente el conocimiento preciso y exacto del lenguaje secreto y oculto del tarot.

La baraja de tarot actual se basa en el estándar de 78 cartas que fue popular en el norte de Italia entre los siglos XV y XVI. A partir del siglo XVIII, las cartas del tarot se asociaron con tradiciones místicas y se comenzaron a dar diversas interpretaciones y significados a los diversos sistemas de lectura ya cada carta individual.

Cada carta del tarot tiene un significado diferente en función de su simbología y por tanto tiene una interpretación diferente cuando la encontramos en un tarot o tirada.

Una baraja de cartas del tarot consta de 22 arcanos mayores y 56 arcanos menores. La forma de representarlo en cada baraja varía, pero lo esencial de su significado es el mismo para todos.

Las cartas de los Arcanos Mayores suelen representar grandes problemas en la vida. Son los principios fundamentales de la vida humana, como la vida y la muerte, los dilemas éticos, la espiritualidad y la interacción con otras personas y cuentan la historia de la evolución espiritual de la humanidad hacia la iluminación y la individuación. Estas cartas del tarot encierran, por tanto, profundos significados para la existencia humana y tienen que ver con la esencia misma del ser y la forma de entenderse a uno mismo en relación con los demás.

Las 56 cartas de los Arcanos Menores reflejan las pruebas y tribulaciones que experimentamos a diario. Aunque las cartas de los Arcanos Menores se llaman menores, no significa que estas cartas del Tarot no tengan un impacto significativo en su vida. Estas cartas del tarot están relacionadas con lo que sucede en su vida diaria y pueden ofrecerle una idea de cómo le está afectando su situación actual y qué pasos debe seguir para manifestar sus objetivos.

Las cartas de los Arcanos Menores suelen tener una influencia temporal, es decir, representan una energía que transita por tu vida en este momento y que se puede cambiar fácilmente, dependiendo de las acciones que realices. Por lo tanto, este tipo de cartas del tarot se refieren a la forma en que suceden las cosas, es decir, las energías positivas o negativas que rodean las acciones y los acontecimientos de la vida cotidiana.

Significado y lectura del tarot

El significado puede variar dependiendo de si la carta proviene de la derecha o viceversa, y también difiere su interpretación según las cartas que acompañan a cada tirada y la posición que ocupan.

Tanto si estás aprendiendo como si ya eres un experto en tarot, conocer la simbología que encierra cada arcano es fundamental para una buena interpretación y poder dar el sentido correcto a cada lectura.

Aquí le explicaremos qué significa cada carta. Tomemos como ejemplo la baraja del tarot de Marsella por ser la más conocida, aunque estas interpretaciones también sirven para cualquier baraja.

Todo en una carta tiene su propio significado. Desde los colores, los objetos que aparecen en él, la posición del símbolo principal. Cada cultura o creador le ha dado una vuelta de tuerca diferente, pero la esencia de la carta es la misma.

Los siguientes significados del Tarot son interpretaciones que muchos expertos han estado utilizando durante décadas y que han evolucionado a través de años de experiencia y estudio. No hay interpretaciones de cartas "correctas" o "buenas", pero estos fundamentos deberían guiarlo hacia las respuestas que busca.

Estas cartas del tarot pueden ser utilizadas por cualquier persona; desde los intuitivos y de alto nivel espiritual, hasta los totalmente terrenales, racionales, matemáticos y analíticos. De su lectura se obtienen excelentes resultados, el lenguaje que maneja es de fácil acceso y tiene información que se puede estudiar y calcular, dado que es un tarot organizado y estructurado.

Cómo leer las cartas del tarot

Las cartas del tarot y su arte parecen realmente incomprensibles para la mayoría, sin embargo, esta forma de arte consiste en la habilidad natural de saber captar el espíritu y el significado de las imágenes representadas en ellas, implica una fuerte dosis de sensibilidad que le permite robar la información que se deriva de ellos y luego expresarlos en palabras. El esfuerzo requerido no tiene que ver con la memorización de las imágenes del tarot, sino con la identificación real de los significados de las cartas, tomadas individualmente o asociadas a otras más influyentes.

Seguramente la práctica, el espíritu de observación y quizás un conocimiento de la Cábala, podrían ayudar en el arte de la adivinación. Este término se usa mucho, pero la familiaridad con las cartas del tarot no garantiza en absoluto la capacidad de adivinar o incluso predecir, por lo que es bueno acercarse al sector con mucha humildad y valores como el respeto a la verdad y a los demás. Todo esto para llegar a decir que no se requieren habilidades mágicas ni de videncia.

Cualquiera que sienta el deseo o la actitud o el placer puede comenzar a acercarse al tarot siguiendo las reglas o métodos que siempre deben ser tomados en consideración y nunca descuidados. En primer lugar, siempre es recomendable comenzar con la fisicalidad o las habilidades manuales de estas importantes cartas.

Los manuales antiguos sugerían dejar la baraja expuesta a la luz de la luna durante 9 días, sin embargo, se cree que el contacto con las cartas, diario y constante, tocándolas y acariciarlas ligeramente, es suficiente.

Lo importante es evitar ser contaminadas por gente escéptica y por lo tanto manipuladas por incrédulos; por lo tanto, se les debe dedicar un lugar reservado exclusivamente para quienes las poseen y será solo él o ella quien podrá decidir quién merece una consulta.

Es importante la fase de confianza que se alcance entre el dueño del tarot y este último, pues sólo cuando se alcance un buen sentimiento será lícito realizar consultas; en la práctica, tiene que estar realmente preparado y en verdadera armonía con tu mente y toda tu persona. La consulta es en efecto un procedimiento muy delicado, que requiere cautela y mucha calma en el lugar donde se realiza; el silencio y la concentración deben reinar.

Individualmente eres capaz de entender y elegir tu método de concentración, sin embargo, evitar la iluminación excesiva en la habitación y la música variada o peor aún los ruidos ensordecedores, los colores excesivamente brillantes alrededor y la gran cantidad de personas, sin duda pueden ser detalles a tener en cuenta. El apoyo técnico derivado de los libros de texto y las sugerencias de todo origen y procedencia pueden ser favorables en la fase cognitiva del tarot, pero no hay que olvidar que sólo empíricamente se puede encontrar la clave personal para una buena y correcta interpretación.

Recuerde siempre la honestidad en hacer preguntas a las cartas y apartarse de los rumores que requieren el uso de la mano derecha o izquierda tanto en la extracción como en el barajado de las cartas, todo lo cual no tiene absolutamente ningún significado. Nunca uses el tarot como un juego de ocio.

Tarot: los arcanos mayores

Los arcanos mayores son 22 cartas, con representaciones muy precisas y, en principio, es bueno saber que pueden usarse solos en algunas formas de lectura y no deben verse como una especie de codificación fría de su simbología. Los enumeraremos individualmente para dar una indicación de su significado básico, tanto en el caso de su giro al anverso, como al reverso.

- **Arcano 1 El Mago**

Su sentido de girarlo a la derecha está ligado a su posición de partida, de principio; indica voluntad, actividad, iniciativa, creación, alta confianza en sí mismo, audacia para los negocios difíciles, generalmente es una carta muy favorable y para una mujer también puede representar el inicio de una relación. Si se invierte tenemos una diversificación de sentido, de hecho, hablamos de dificultad para afirmar, profesionalmente hablando, falta o ausencia grave de seguridad y confianza en uno mismo, en general incapacidad decisoria para afrontar la vida.

- **Arcano 2 La Papisa**

Considerando esta carta girada a la derecha representa la fecundidad, la madre, la mujer y la novia, la vida interior y la sabiduría, así como la adivinación y todos sus métodos; si fuera por el contrario, asumiría connotaciones de superficialidad, adversidades genéricas provocadas por fuerzas negativas, presunción y marcada ignorancia, pero también amor apasionado.

- **Arcano 3 La Emperatriz**

La carta recta tiene un hermoso significado intrínseco, de hecho habla de inteligencia y gran creatividad, dignidad y maternidad así como bienestar puramente material, acción y si se refiere a una mujer, una persona con gran sentido práctico y decisión. En cambio, girada se convierte en la carta que recuerda a un enemigo, la esterilidad, la ignorancia y la arrogancia, el autoritarismo sobre los niños y, en general, el desacuerdo, la desarmonía.

- **Arcano 4 El Emperador**

Un tarot que expresa seguridad terrenal, autoridad, riqueza y poder, puede representar la figura paterna y marital, la generosidad, la jovialidad y las adquisiciones materiales, todo en su lectura de la ley; en cambio, hablamos de tiranía, masculinidad brutal, estrechez de miras, indecisión e incluso debilidad física y psíquica.

- **Arcano 5 El Papa**

Una carta que simboliza el ritualismo y la comprensión, la sabiduría y la lealtad, el padre, el hombre de cultura y sabiduría, la bondad y la ayuda que viene de lo invisible; su opuesto, o más bien la carta del Papa volcada, representa la fragilidad, el fanatismo, la desvinculación y la obstinación en perseverar en las viejas tradiciones, sin adaptarse a la evolución de la vida.

- **Arcano 6 El Amante**

Su significado adivinatorio a la ley queda bien aclarado al hablar del amor por todo lo bello, el optimismo, el enamoramiento y la generosidad hacia los demás, en fin, incluye elecciones en el campo afectivo con sentido positivo; en su reverso encontramos significados como la ruptura de un amor, la sequedad o la presencia de un amor no correspondido hasta la depresión o inestabilidad.

- **Arcano 7 El Carro**

Es la carta de viaje por excelencia, de triunfo, de éxito total en todos los sectores, de honores y glorias, de independencia, de conquista y expansión en el sector financiero; su giro inverso implica una lectura de matrimonio y fracaso patrimonial, viajes inseguros y peligrosos, pánico, confusión e incluso ruina.

- **Arcano 8 Justicia**

Quiere decir que, por su nombre, justicia, equidad, rectitud, virtud, razonabilidad y también imparcialidad y equilibrio, en conjunto positivo, mientras que su reverso presagia abusos, intolerancia, grandes injusticias, condenas y malas conductas, en la práctica se le conoce como la lectura de la tarjeta al revés es a menudo exactamente lo contrario de su presencia en la versión vertical.

- **Arcano 9 El Ermitaño**

Los significados adivinatorios del Ermitaño a la ley nos conducen a la prudencia, protección y cautela, aislamiento y reflexión, incluso al sujeto misántropo y ascético; la cosa se agrava en su versión invertida donde aparecen el egoísmo, la avaricia, la hipocresía, el pesimismo, la indolencia, la falta de impulsos, las acciones insensatas o incluso temerarias.

- **Arcano 10 La Rueda de la Fortuna**

Muy hermosa carta, propicia de suerte, destino y felicidad, solución cercana de problemas, intuición en los negocios, ganancias en el juego, oportunidades a ser aprovechadas con excelentes resultados, por razones obvias su volcamiento nos lleva a la mala suerte, la decadencia y la precariedad, desagrado inesperado e inestabilidad de las situaciones.

- **Arcano 11 La Fuerza**

Concepto de coraje, convicción, logro, heroísmo, fuerza física y resistencia, desafío y determinación; por otro lado, hablamos de debilidad hasta el punto de la mezquindad, la impotencia, la tiranía y el egoísmo, la arrogancia y el orgullo, así como la aridez sentimental y el arribismo.

- **Arcano 12 El Ahorcado**

Como en la imagen representada se encuentra en fase pasiva o mística, puede significar precio a pagar o expiación, renuncia, arrepentimiento, estasis forzada y castigo, en su versión invertida la carga crece, hablamos de sacrificio sin fruto, egocentrismo e ilusiones, hábitos ominosos sazonados con angustia y miedo.

- **Arcano 13 Muerte**

Papel que inspira miedo, pero equivocadamente porque es, al contrario, vida en su sentido más puro. De hecho, se piensa en la renovación total, al final de cualquier capítulo de la vida, de un año que pasa porque el 13 son las fases de la luna, de una herencia, pero también de la influencia de los muertos; el significado de adivinación inversa, por otro lado, denota pesimismo al introducir grandes decepciones, pérdida de honor o enfermedades incurables, accidentes graves o inmovilidad.

- **Arcano 14 Templanza**

A partir del significado verbal solemos atribuirle el sentido de la moderación, la paciencia y un profundo espíritu de adaptación, calma y reflexividad, en algunos casos incluso milagros y magnetismo curativo, por el contrario, encontramos caos o desorden, ligereza de carácter, desorden, disconformidad, impaciencia, apatía, descontrol, frialdad y dificultad para integrarse.

- **Arcano 15 El Diablo**

La primera parte del significado se refiere al magnetismo, el encanto personal, la inmoralidad, la ruina, la magia negra, la experiencia sobrenatural y la ausencia de humor y maldad, los vicios y los fracasos, al verlo al revés el Diablo es la carta de la represión y del consumo desmesurado de la sexualidad, los engaños y las mentiras, la esclavitud hasta de las drogas y las drogas, las riñas y las enfermedades.

- **Arcano 16 La Torre**

Expone como sentido al final de un balance, a un cambio drástico y ruinoso, al encarcelamiento, a la derrota atroz y dolorosa, a la catástrofe y al divorcio, al cambio de opinión y al paso a nuevas experiencias, abandonando totalmente las viejas situaciones; por otro lado, significa un callejón sin salida, una asfixia, la incapacidad de cambiar las cosas y por lo tanto una sucesión o sumisión y servidumbre.

- **Arcano 17 Las Estrellas**

A la forma recta le brindan brillantes perspectivas, éxito y ayuda amistosa, prosperidad y revelaciones, suerte pasiva y generosidad, belleza y romance, discreción y buenas perspectivas para excelentes resoluciones; por el contrario, se vislumbran esperanzas frustradas, pesimismo y malestar interior, incertidumbre y desórdenes mentales y psicológicos, errores de evaluación y excesiva pasividad en la gestión de la propia vida.

- **Arcano 18 La Luna**

Peligros ocultos, imaginación fantástica, error y mala influencia externa, calumnias, mentiras, indolencia, secretos y gente malhumorada, sueños tan espantosos como pesadillas; por otro lado, hablamos de alucinaciones, desorden y chantaje, odio, autocompasión, incluso posibles problemas de salud hasta muy graves.

- **Arcano 19 El Sol**

Su visión es inmediatamente pensada en matrimonio feliz, bienestar y calidez, libertad y plenitud, felicidad acompañada de salud, buen humor, idealismo y triunfo; en su versión invertida el significado se convierte en vanidad, falta de amistad, desatino, fracaso artístico, banalidad y susceptibilidad.

- ### **Arcano 20 El Ángel o Juicio**

Visto como renacimiento, anuncio, despertar, promoción o noticia, cambio de situación, sorpresa e inspiración; lo contrario implica indecisión, serios conflictos internos, decepciones y frustraciones, inconsciencia e incapacidad para enfrentar las dificultades.

- ### **Arcano 21 El Mundo**

Tarjeta con significado positivo de triunfo y recompensa, realización total, seguridad y logro de las más altas aspiraciones, éxito duradero y recompensa por el trabajo duro; su contrario se lee como un vano sacrificio, estancamiento, dificultades en general, reveses inmediatos de la fortuna y malentendidos.

- ### **Arcano 22 El Loco**

Significativa es la sensación de inconsciencia que representa esta carta, de los tiros a la cabeza y la inseguridad, la imprevisibilidad del destino y del subconsciente, la extravagancia, la pérdida del libre albedrío, la genialidad y la temeridad; la carta volcada simboliza locura, angustia, obsesiones, irresponsabilidad y pasividad ante la voluntad ajena, inmadurez, descaro, celos y violencia hasta la perversión.

Los arcanos menores

Los arcanos menores tienen significados muy específicos, de hecho representan el mundo de los afectos y la vida cotidiana de los individuos en los más mínimos detalles. Son mucho más numéricamente que los arcanos mayores y se dividen en 4 grupos de 14 naipes, cada uno de los cuales está numerado del 1 al 10 y cuatro representan: el escudero, el caballo, el rey y la reina para un total de 56 naipes. Se dividen en 4 palos que son: palos, copas, monedas y espadas y obviamente tienen símbolos y significados distintos.

Interesante y curioso saber que las semillas se combinan con referencias astrológicas es decir los palos se dice que pertenecen al elemento fuego, las copas al agua, las monedas a la tierra y las espadas al aire. Sugerencia importante, para poder entender el derecho y el reverso de los arcanos menores, requiere que usted marque un asterisco en el lado izquierdo de las cartas y establezca la versión recta o al revés.

Los significados de las semillas se pueden distinguir de la siguiente manera:

• **Palos**
Emblema por excelencia de la fecundidad viril, símbolo fálico y de mando, fuerza; puede conducir a personas a cargo o atadas a la tierra.

• **Tazas**
La representación del ánfora cóncava hace referencia al símbolo de la feminidad y todo lo que deriva de ella o está conectado a ella, por lo tanto, el agradecimiento, las habilidades artísticas, por lo tanto, conectable a los artistas o aquellos que por profesión utilizan la cultura en general.

• **Monedas**
Como en lógica el significado es cercano al poder económico, desde el punto de vista intelectual

representan el estudio y el conocimiento socialmente flanqueado por la clase media y el comercio.

- **Espadas**

Simboliza penetración también referida a la palabra, invasivo y agresivo, también expresa excesos de agresión a través de la fuerza del poder imponente.

Incluso desde un punto de vista exclusivamente numerológico, las cartas de los arcanos menores tienen un significado preciso en el arte de la adivinación, independientemente del palo al que pertenezcan. Al respecto, es bueno detallar los significados de los individuales del 1 al 10.

Arcano menor 1: debut, símbolo del número masculino.

Arcano menor 2: símbolo femenino y binario o dualismo entre el bien y el mal.

Arcano menor .3: símbolo propicio y generativo, ya que el hijo n.3 deriva del 1 y 2, por lo tanto, excelente para los negocios en general.

Arcano Menor 4: Representa el hogar, la familia y la estabilidad.

Arcano Menor 5: que es unión del 3 y el 2, significa armonía, arte y belleza, Venus y todo lo que pueda tener relación con ella.

Arcano menor 6: que es doble ternario que significa libertad, trabajo y equilibrio.

Arcano menor 7: número que es importante en sí mismo a nivel bíblico y significa armonía y paz.

Arcano menor 8: solidez, bienestar, justicia, verdad triunfante.
Arcano menor 9: número profético y mágico.

Arcano menor n.10: en la Cábala es el número perfecto, de la suerte y de las sorpresas y acontecimientos positivos inesperados.

El arcano menor 11 es el escudero: ese es el número de los inacabados.
El arcano menor 12 es el caballero o el consumado.

El arcano menor 13 es la reina y significa buen o mal augurio.

Arcano menor 14. es el rey y significa fusión y asociación.

Aquí hay algunos métodos simples para leer las tarjetas:

- **Esquema de 1 vía**

El patrón de 1 vía es probablemente la forma más sencilla de leer cartas del tarot. Este método consiste en sacar una tarjeta por día para obtener consejos sobre el día en sí. Este método le permitirá reflexionar y aprender más sobre el significado de cada una de las cartas que componen la baraja de tarot que estás utilizando para la lectura.

- **Esquema de 3 cartas**

Otro método de lectura de las cartas del tarot está representado por el esquema de 3 cartas. Incluso esta propagación está representada por una gran facilidad. Para este tipo de lectura son más adecuados los Arcanos Mayores, ya que solo se utilizarán 3 cartas. Utilizando los arcanos mayores podrás tener respuestas más claras y precisas a tus preguntas.

La primera carta indicará una situación pasada que afecta el presente. La situación pasada se mostrará en la segunda carta, mientras que la tercera carta indicará el resultado de la situación revelada por las cartas, si el consultante decide permanecer en la situación presente, sin hacer elecciones que puedan modificar esta última.

- **Esquema de 5 cartas o cruz simple**

Finalmente, está el método de lectura cruzada simple o de 5 cartas. Este método se utiliza para responder de manera más amplia a una pregunta específica planteada a las tarjetas. También en este caso la primera carta indica una situación pasada que afecta al presente. En cambio, la segunda carta revela el presente, brindando información adicional al consultante. La tercera carta indicará el desenlace de la situación pasada sobre el futuro, siempre que el consultante no decida emprender acciones encaminadas a modificar la situación a que se refiere la primera carta, en su presente. La cuarta carta indica la presencia de cualquier bloqueo del consultante, con referencia al pasado de este último. Finalmente, la quinta carta representa la síntesis: una especie de consejo final al consultor sobre cómo modificar su propia situación, para poder obtener los resultados más favorables posibles.

Capítulo 7
Otras artes adivinatorias

Predecir el futuro ha sido un reto y un sueño para los hombres desde que el mundo existe. En la antigüedad, los brujos, adivinos, sacerdotes y chamanes se dedicaban a esta actividad. Más tarde fue tomado por adivinos, videntes, astrólogos, magos y hojis, y así hasta el día de hoy.

Algunas de estas personas que pueden ver el futuro están dotadas de habilidades especiales y no necesitan ningún dispositivo especial para adivinar. Simplemente cierran los ojos y ven lo que sucede.

Sin embargo, otros usan ayudas para predecir eventos futuros.

¿Cuáles son los métodos más populares de adivinación, algunos de los cuales también están disponibles para la gente común? Aquí están.

* **Péndulo**

La adivinación del péndulo es un método extremadamente común. Esta herramienta de adivinación suele ser un peso atado a una cuerda o cadena. El cristal o el metal se usa con mayor frecuencia, principalmente en forma de cono. El método es fundamental para la radiestesia, pero los adivinos lo usaban mucho antes de que se estableciera como corriente. Proporciona respuestas a preguntas específicas, como ¿Tendré éxito en este esfuerzo? ¿Está enamorado de mí? etc. Las respuestas son Sí, No o neutral cuando no se da una respuesta en este momento. Algunos consideran que el uso de un péndulo es un método de adivinación controvertido que da muchos errores. Basado en ondas de energía en el espacio, se cree que su funcionamiento en ocasiones es erróneo debido a la mezcla de ondas de energía de distintas fuentes.

• **Bola de cristal**

La infame bola o esfera de cristal no puede dejar de ser incluida en este ranking. Durante muchos años ha sido utilizado por clarividentes y adivinos que ven en él el futuro en forma de imágenes, visiones, sombras y luces. Se cree que no todos pueden usar una bola de cristal para la adivinación, sino solo aquellos que son "dados". Según otras teorías, la pelota es solo para atraer, y los clarividentes reciben las respuestas a las preguntas sobre el futuro directamente en su canal interno para recibir información de otros mundos.

• **Adivinación a través del espejo**

La adivinación a través de un espejo y un peine es una forma más de conocer su futuro.

Es necesario preparar el siguiente inventario: un espejo con una pata y velas, cuyo número debe ser par.

Tienes que esperar hasta la medianoche y pararte frente al espejo. A las 12 en punto con las velas encendidas, se debe decir la frase:

"Madres prometidas, muéstrense"

En la profundidad del reflejo debe aparecer una sombra o un rostro del futuro esposo. No puedes mirarla por mucho tiempo. Inmediatamente debe apagar las velas y alejarse o cubrir el espejo. Según la antigua creencia, aquellos que no tengan tiempo de cerrar el espejo a tiempo serán arrastrados a otro mundo. Después de todo, un espejo, como la extensión del agua, abre la puerta al otro mundo.

- **Adivinación a través de la borra del café**

Adivinar personalmente el futuro de alguien a partir de los posos de su café es una práctica muy extendida en todo el mundo y que no requiere mucha habilidad. Aunque se cree que es un privilegio de los adivinos romaníes, en realidad se practica en todas partes.

Necesitas un tazón o taza de porcelana, 2 cucharadas de café grueso, 1 cucharada de café molido fino. Después de preparar el café, se vierte en una taza. El café tarda de 3 a 5 minutos en prepararse. El adivino lo bebe. Hay sedimento en el fondo. Debe hacer girar la taza en el sentido de las agujas del reloj siete veces.

La información del futuro debe buscarse en las paredes del recipiente. Las manchas del fondo hablan del pasado. Tiene que mirar ambos lugares y comparar el valor con la asociación en desarrollo.

El significado de las manchas:

1. Mariposa: significa coqueteo, enamoramiento en progreso

2. Una llave: futuro prometedor

3. Estrella: deshazte de un problema, de un conocido desagradable

4. Rueda: - excursión, aventura

5. Anillo: encuentro con el prometido, compromiso, boda

6. El arco: es un enemigo peligroso

7. Árbol: amistad y amor fuerte

8. Rosa: boda

9. Hogar: tranquilidad en la vida personal

10. Corazón: matrimonio rentable o matrimonio.

• **Adivinanzas sobre frijoles**

Para la adivinación de frijoles, necesitará una bolsa de tela, 10 frijoles negros, 10 frijoles moteados y 10 frijoles blancos. Los frijoles deben ponerse en una bolsa y hacer una pregunta. Al mismo tiempo, la pregunta debe sonar de tal manera que solo pueda responderse con un "sí" o un "no". Luego tiene que sacar algunas legumbres al azar. Si la mayoría de los frijoles son negros, entonces la respuesta a la pregunta es no. Si hay más judías blancas entonces la respuesta es sí o tienes que moverte en la dirección elegida. Si predominan los frijoles multicolores, el resultado depende de los esfuerzos realizados y el deseo de resolver el problema.

- **Adivinación con aguja gitana para el amor.**

La adivinación con un juego y un hilo rojo le ayudará a comprender cuál es su futuro con su alma gemela. Es deseable tomar una aguja nueva y pasar a través de ella un hilo de color rojo. Se recomienda que el ritual sea realizado por aquellos que dudan de haber elegido a una persona adecuada para su compañero de vida.

Necesita una aguja, un pequeño trozo de tela y un hilo de color rojo. Pase el hilo por la aguja, pero no haga un nudo. En primer lugar, es necesario hacer dos puntadas y luego, con un movimiento brusco, estirar la aguja. Si la aguja sale de la tela con dificultad, encontrará obstáculos con la elegida. En caso de que se rompa el hilo, vale la pena hablar sobre el hecho de que usted y su amada no están destinados a estar juntos. Pero si el hilo se sale fácilmente de la tela, entonces regocíjate. Ustedes se aman y su amor será mutuo.

- **Adivinación gitana con una aguja para el futuro**

Se recomienda hacer esta adivinación a medianoche, en Luna Nueva. Es muy fácil. Solo necesita encender una vela y poner la aguja en la llama. Si se vuelve negra, en un futuro cercano tendrá muchos enemigos y dificultades en su vida. Lo más probable es que tenga algunos obstáculos en su camino que le serán difíciles de manejar.

Si la aguja no se oscurece, todo en su vida será maravilloso. No tendrá problemas graves. Si la vela se apaga durante la adivinación, es probable que experimente contratiempos en su vida personal y laboral.

- **Piedras**

Si quiere saber lo que le espera en un futuro próximo, puedes realizar una adivinación muy fácil con guijarros. Les dará una respuesta a preguntas de diferente naturaleza, por lo que, sí está preocupado por preocupaciones amorosas, financieras o de otro tipo, siéntase libre de usar el método.

Antes de proceder a la adivinación en sí, seleccione tres guijarros. No importa de qué origen sean, pero sí que sean similares en tamaño y forma. Al mismo tiempo, deben ser en tres colores diferentes.

Uno debe ser muy oscuro, el otro muy claro y el tercero debe ser de un color intermedio. Los guijarros negros, blancos y grises, por ejemplo, harían un gran trabajo para usted.

Cuando haya terminado con su elección, vaya a algún lugar afuera para que nadie ni nada lo moleste. Sumérjase en sus pensamientos y formule en su mente la pregunta que le emociona (¿Le grado a tal o cual persona?), mientras al mismo tiempo revuelve las piedritas en su mano derecha.

Luego tírelas detrás de usted y verifique su ubicación. Si la piedra clara está más cerca de la que está en un color intermedio, entonces la respuesta a su pregunta es sí.

Sin embargo, si la piedra gris está más cerca del negro, entonces los guijarros responden negativamente a la pregunta. Si los tres elementos están a una distancia relativamente igual entre sí, el momento no es adecuado para la adivinación y es mejor no pensar en este tema.

- **Arroz**

Una pregunta que le inquieta puede preocuparle durante mucho tiempo. Pero hay una manera rápida y fácil de predecir el futuro con arroz que le ayudará a levantar el telón de los secretos del futuro.

Esta es una técnica de predicción que se ha utilizado durante siglos y aún no ha perdido su importancia. Nos permite responder preguntas como:

¿Se hará realidad nuestro deseo?
¿Debo aceptar una oferta?
¿Debo esperar riqueza pronto?
etc.

En general, la adivinación con granos de arroz puede responder a cualquier pregunta, con la única limitación de que el resultado debe ser solo "sí" o solo "no".

El rito requiere:
* vela blanca;
* recipiente grande de vidrio con arroz
* una hoja de papel y un bolígrafo.

Se recomienda absoluta privacidad. Es necesario encender la vela y colocar el plato de arroz frente a usted.

Luego, debe formular brevemente la pregunta que le interesa para que la respuesta sea "sí" o "no". Asegúrese de especificar también el período de tiempo (por ejemplo, "¿Me compraré un automóvil en un año?").

Es necesario escribir la pregunta en un papel y tirarlo en el recipiente, luego mezclar bien el arroz con la mano. Después de eso, es necesario concentrarse en la llama y, repitiendo mentalmente su pregunta, saque un puñado de granos de arroz. Es recomendable tirarlos inmediatamente sobre la mesa y contarlos:

Si los granos son un número impar, entonces la respuesta es no. No sucederá lo previsto, no se debe aceptar la oferta, no se espera riqueza.

Si los granos son un número par, entonces la respuesta es sí. Sí, sus planes se harán realidad, es mejor que acepte la oferta, puede contar con seguridad con la riqueza reciente.

Para asegurar el resultado deseado de la adivinación, el arroz con el que adivinó debe cocinarse y comerse. En los casos en que la respuesta sea No, los granos deben enterrarse debajo de un árbol. Esta es una adivinación clásica de arroz navideño, pero en realidad se puede hacer en cualquier momento.

La respuesta siempre será correcta si uno se concentra lo suficiente en su pregunta.

- **Antigua adivinación marroquí con monedas**

Una de las adivinaciones africanas más antiguas conservadas hasta el día de hoy, se hace con monedas. El método marroquí proporciona respuestas a la pregunta de cómo salir de una situación difícil. El método es fácil y solo se necesitan dos monedas iguales, por ejemplo, de 10 o 20 céntimos.

Lávelas y úselos solo para ver el futuro. Cógelas con la mano izquierda, haz tu pregunta, agítalas y déjalas caer sobre una superficie plana. Esto se hace dos veces y se adivina según las combinaciones Cara-Cruz. Si ambas monedas salen cruz en el primer lanzamiento y cruz en el segundo, algo nuevo está por delante: amor, un cambio en el hogar o un nuevo trabajo, pero todo será para bien.

La combinación opuesta significa que se avecinan cambios vertiginosos, y no debe perder su oportunidad.

Si la primera vez arrojó dos caras y la segunda vez las monedas cayeron cruz, tenga cuidado, porque está entrando en un período difícil. Va a haber muchos problemas antes de que las cosas se calmen. Los conflictos serán lo último que le ayudará.

Si las monedas caídas son solo caras, le espera un período muy fuerte. Los problemas de salud se resolverán, la justicia reinará a su alrededor.

Si tienes cuatro veces cruz, prepárate para superar las dificultades. Estará confundido y solo, lo que le llevará a cometer errores. Cuidado con el dinero y las enfermedades. Sus familiares y amigos más cercanos le ayudarán.

* **Adivinación con un reloj**

El más conveniente para este propósito es el despertador. Coloque el reloj en su regazo con la cara hacia abajo. Cierre los ojos y gire el interruptor en el sentido de las agujas del reloj con la mayor fuerza posible en cualquier dirección, contando lentamente hasta doce. Abra los ojos y mire en qué número está la flecha. Si se ha detenido entre dos divisiones numéricas, debe centrarse en el número al que la flecha está más cerca. Si la distancia entre ellos es la misma, se da prioridad al que se encuentra en el sentido de las agujas del reloj.

Los números indican:

1. Nada significativo sucederá en tu vida en el futuro cercano.

2. Le asalta una enfermedad. No está de más hacer una investigación.

3. Está en un buen momento. Pero el éxito no recaerá solo en ti.

4. Está al borde de un gran problema. Puede evitarlos si es extremadamente cuidadoso y cauteloso. Entonces podrá detectar a tiempo la fuente de futuros problemas y prevenirlos.

5. Existe la posibilidad de mejorar significativamente su situación financiera, pero tendrá que trabajar duro para lograr el objetivo.

6. El peor número. Le esperan pérdidas materiales, colapso de las esperanzas, traición, enfermedad grave, para usted o para alguien cercano a usted. Difícilmente podrás detener la mano del destino levantada para golpear, pero si adivinas de qué lado le seguirá, tome medidas.

7. Tendrá éxito en el trabajo o en alguna actividad práctica, por ejemplo, la renovación del hogar. Pero pueden costarle muy caro en términos de salud.

8. Se está gestando un conflicto que podría tener graves consecuencias. Su comportamiento debe ser moderado, reduzca sus reclamos, no ceda a las provocaciones.

9. No lo estás haciendo muy bien ahora. Pero no se desanime; después del período de depresión, inevitablemente seguirá un evento feliz, que cambiará muchas cosas en su vida.

10. Tiene detractores secretos que intentan hacerle daño. Pero sus esfuerzos no conducirán a nada serio. Incluso si hay pérdidas, serán insignificantes. Por lo tanto, sabrá quién es su amigo y quién su enemigo.

11. Un apoyo espiritual muy poderoso aparecerá en el rostro de una persona a la que pronto conocerá. Este podría ser un amigo o un objeto de afecto sincero, pero también podría ser un nuevo colega. Gracias a su presencia, su vida adquirirá un nuevo sentido y podrá realizar algunos de sus sueños.

12. Pronto tendrá que tomar una decisión importante. Tenga la máxima precaución, tómese su tiempo, escuche los consejos de las personas de su confianza. Si tiene una idea de lo que podría ser, comience a recopilar información de inmediato. Cuanto más informado esté, más probabilidades tendrá de estar entre los ganadores.

- **Adivinación con fósforos**

Esta adivinación puede dispersar la niebla sobre el futuro, para esclarecer los momentos confusos y enredados de vuestras relaciones amorosas y para levantar el velo de los secretos sobre lo desconocido.

La adivinación con cerillas es una de las más confiables, veraces y simples. No solo podrá responder a las preguntas de chicas jóvenes enamoradas e inexpertas, sino también de mujeres maduras con una larga experiencia matrimonial.

Tome una caja de fósforos, saque dos palos: uno lo simboliza a usted, el otro, el objeto sobre el que está adivinando, es decir, su elegido. Encienda los dos palitos y póngalos en un platillo. A medida que se queman, observe detenidamente cómo se colocan entre sí. Si el palo de "tu" hombre está mirando el tuyo, entonces él no te es indiferente, tal vez incluso le ame. Si su bastón no está doblado, sino que permanece recto, desafortunadamente, le es indiferente. Si el palo carbonizado se volvió en la dirección opuesta a la tuya, por desgracia, esto simboliza su disgusto por usted.

Piense, ¿tal vez se está equivocando en alguna parte? Aclare la situación y la siguiente adivinación puede mostrar una imagen completamente diferente...

######

Si desea ampliar sus conocimientos, puede encontrar enseñanzas en otros libros de este autor en la tienda de Amazon:

"Gaia, el poder de la tierra". Espiritualidad, Nueva era, chakras, asanas, contacto con el suelo, armonía, felicidad

"La verdad sobre zombies y vampiros" Sus orígenes, su explicación científica, las tradiciones, que hacer frente a estas criaturas.